AF316102

LA
RÉPUBLIQUE

TELLE QUE NOUS LA VOULONS

PROGRAMME

révolutionnaire, politique, économique et social

PAR

VERGÈS D'ESBŒUFS

> . . . . Tenter
> de refouler la démocratie ou de
> l'enchaîner est une entreprise
> aussi insensée que celle d'arrêter
> la mer dans son mouvement ou
> la terre dans son orbite.
>
> Jules GRÉVY.

GENÈVE

IMPRIMERIE J. BENOIT ET Cᵉ, RUE DE RIVE, 5

INTRODUCTION

En présence de nouvelles intrigues du parti monarchique, l'impuissance du *septennat* à les réprimer ou sa connivence avec elles, le peuple sera peut-être bientôt appelé, par un suprême effort, à disposer encore une fois de ses destinées. Il importe qu'il sache d'avance exprimer ce qu'il veut pour ne pas s'égarer dans l'utopie ou tomber, comme par le passé, dans les embûches de ses ennemis après la victoire.

Nous avons signalé, déjà plusieurs fois, la nécessité d'adopter un programme afin que chacun sache, au jour de la révolution, où il va, et ne puisse être trompé par les mensonges fourbes de la réaction.

Ce programme a manqué à la révolution de 1830, à celle de 1848 ; — et cette lacune fut la porte ouverte à la trahison. *La République telle que nous la voulons*, le renferme, et résume l'application des différents principes politiques et économiques émis, précédemment par nous, dans différents écrits : le *Coin du voile*, la *Question sociale résolue*, la *République en danger*.

Nous soumettons cette nouvelle étude au jugement souverain du peuple. Puisse-t-elle lui être utile !

Genève, le 30 avril 1874.

LA RÉPUBLIQUE

TELLE QUE NOUS LA VOULONS

PREMIÈRE PARTIE

POURQUOI LA RÉVOLUTION A ÉTÉ VAINCUE

> .... Le développement graduel de l'égalité des conditions est **un** fait providentiel . . . .
> . . . . . . Pense-t-on qu'après avoir détruit la féodalité et vaincu les rois, la démocratie reculera devant les bourgeois et les riches . . . .
>
> Alexis DE TOCQUEVILLE.

La Révolution de 1789, qu'on affecte de croire simplement politique, fut sociale. L'Assemblée nationale, dans la nuit du 4 août, décréta franchement l'abolition de l'ancien régime, l'anéantissement des priviléges. Et bientôt la déclaration des droit de l'homme (12 août) transforma en articles de lois les préceptes généreux de la philosophie.

Pour mieux effacer jusqu'au souvenir de la féodalité, on changea la dénomination historique des provinces, qui rappelait trop l'administration de la noblesse ; on divisa la France en départements. On créa l'égalité civile. On refoula le dogme autocratique du clergé derrière les registres de l'état civil ; et, pour lui enlever tout son prestige, on détacha l'Église française de l'autorité du pape.

L'Assemblée, étendant sans relâche les limites du droit et de l'égalité, abolit les parlements, les justices seigneuriales, les prévôtés royales, les bailliages, les sénéchaussées, qu'elle remplaça par l'établissement de tribunaux assistés du jury en matière criminelle.

Tous les Français furent déclarés citoyens libres et admissibles aux emplois publics. Cependant, en détruisant la féodalité, en dépouillant la noblesse et le clergé de leurs fiefs, de leurs prébendes, en supprimant les priviléges, les titres nobiliaires (19 juin 1790), l'Assemblée avait le devoir de prévenir tout retour en arrière. Elle l'accomplit ; elle couronna son œuvre, en abolissant le droit d'aînesse, prévoyant déjà dans l'avenir le partage multiple, le morcellement de la propriété. Mais elle avait compté sans l'égoïsme humain et le développement de la fortune mobiliaire.

A la faveur des lois protectrices, qui faisaient tous les Français libres et égaux devant la loi, l'industrie et le commerce se développèrent, notamment après la suppression des priviléges des corporations d'arts-et-métiers (16 février 1791). La concurrence s'établit et permit, à la fortune mobilière de la France de prendre une grande importance pour arriver à dépasser, aujourd'hui, la fortune territoriale. Dès lors, une nouvelle aristocratie se forma : celle des bourgeois, celle d'argent qui reconstitua en partie la grande propriété, releva et rebâtit les châteaux brûlés par les paysans, après les avoir achetés à vil prix, et laissa multiplier les couvents à la place des abbayes supprimées. Ainsi, la révolution, qui s'était faite dans l'intérêt du peuple, au profit des masses, au détriment d'une caste et non pour en constituer une autre, fut confisquée par quelques-uns. L'Assemblée avait oublié de mettre une limite aux fortunes. — La révolution était à recommencer !

Le peuple débarrassé des menottes du gendarme de Corse, et détrompé sur les promesses fallacieuses de la Restauration, essaya, en 1830, de reconquérir ses droits et son pain, mais la bourgeoisie qui l'avait encore trompé et le traitait en ennemi, à force d'argent et d'astuce, reprit toute son influence, et se donna, avec le patronage de Lafayette, — cet essayeur de libertés, — un roi traître au roi, comme elle s'était déjà donnée au bandit du 18 brumaire, traître à la Révolution.

Dès lors, son appétit grandissant ne connût plus de bornes ; elle trouva des ministres disposés à favoriser les rapines. — Qui ne se souvient du procès Parmentier et de Cubières ?... C'est que les ministres du roi bourgeois avaient inauguré une nouvelle morale ; le mot de Guizot : *Enrichissez-vous !* fit le tour des caisses et fut le signal de tous les pillages, de toutes les concussions, de toutes les corruptions. Et comme le pays frémissait d'indignation, le gouvernement disait aux trafiquants de l'honneur national et des deniers publics : « Vous sentez-vous corrompus ? »

Enfin, en 1848, la colère du peuple triompha encore une fois de la force, et le gouvernement de Louis-Philippe fut renversé. Mais la République, qui lui succéda, ne devait pas survivre aux conspirations occultes de la bourgeoisie. On tendit un piége au peuple, sous prétexte d'organiser le travail ! — Le 25 février, un décret du gouvernement provisoire *garantissait l'existence de l'ouvrier par le travail ;* le 27 et le 28 on ouvrit des *ateliers nationaux,* après avoir, au préalable, fermé par une entente générale de la bourgeoisie, tous les ateliers privés. On attira ainsi les ouvriers de Paris, et lorsque ce stratagème eût rassemblé tous les prolétaires, soutiens naturels de la révolution, le 21 juin un autre décret les jeta dans la rue, sans travail et sans pain.

Ils prirent les armes et se répandirent dans la ville.

C'est là que les attendait le gouvernement composé d'avocats, de poètes et d'astronomes. (Dupont; de l'Eure; Arago; Lamartine; Ledru-Rollin; Marie; Crémieux; Garnier-Pagès.)

L'armée avait été rappelée tout exprès à Paris et mise sous les ordres du général Cavaignac, ministre de la guerre, et de Lamoricière, le futur général du pape. Après quatre jours de luttes meurtrières, de batailles où l'insurrection mit [hors de combat sept généraux, le peuple, manquant de pain et de munitions, fut vaincu. Alors commencèrent les représailles de la réaction sur une population qu'on avait trompée. On fusilla pendant trois jours les prisonniers pris les armes à la main, ensuite on transporta les autres aux colonies, sans égard aux quantités d'orphelins que de pareilles *razzias*, exécutées par des soldats d'Afrique, laissaient dans les faubourgs.

Après cette épreuve, la République n'avait plus de défenseurs à Paris ; elle était livrée aux compétitions ambitieuses des bourgeois● et aux conspirations des partis ; elle devait succomber.

L'homme du *Deux-Décembre* vint, par un coup de main à la façon de Cartouche, rassurer les intérêts alarmés. Mais le second empire finit à Sedan, comme le premier avait fini à Waterloo, compromettant du même coup l'intégrité du sol et jusqu'au nom français! Alors il se trouva des intrigants, de 1830 et de 1848, spéculant sur la colère du peuple, et rêvant, pour faire leur fortune, des désastres encore plus grands qu'à Waterloo, qu'à Sedan ! Il suffisait pour cela de s'emparer du pouvoir. Ce fut fait le 4 septembre. La plupart étaient des anciens ministres de 1848, regrettant de ne pas avoir eu le temps de faire fortune. Ils affamèrent pendant six mois la population de Paris, firent dévaster les trois quarts de la France pour arriver plus sûrement à la signature du traité de Versailles.

Laissant deux provinces entre les mains de l'ennemi et

cinq milliards, sans dire ce qu'ils mettaient dans leurs poches, ils crurent avoir bien mérité de la patrie ! C'est alors que le peuple de Paris, armé pour la défense du pays, cédant à son indignation, releva les provocations incessantes du gouvernement et reconquit, le 18 mars 1871, ses droits méconnus. Mais la conspiration bourgeoisement monarchique, conduite par Thiers, rassembla à grands frais les débris de Sedan, s'entendit avec les Prussiens montant la garde sous les murs de Paris, et le 21 mai commença le premier acte d'un carnage à nul autre pareil ; il dura dix jours. Son récit épouvantable sera l'éternelle honte de la bourgeoisie qui poussa au massacre du peuple dont elle sort, pour conserver les priviléges qu'elle a dérobés aux nobles et qu'elle tient à garder seule.

La révolution est donc encore à recommencer. Ce qui l'a fait échouer jusqu'ici, c'est le défaut de programme. Sans cesse trahie, à la faveur même de l'ignorance des masses, par des agents provocateurs ou des ambitieux, elle se perd en déclamations stériles ou se débat dans l'anarchie, aux prises avec des théories impraticables adroitement semées par ses ennemis.

C'est surtout dans les centres ouvriers que la bourgeoisie, divisée en factions et en partis, utilise son argent et emploie son adresse. Dirigée par les jésuites, cette action morbide est continuée, sans mot d'ordre, par les juifs et par les classes élevées, usant du superflu de leur fortune pour corrompre le peuple. Tous les centres ouvriers, toutes les corporations ouvrières sont infectées d'agents provocateurs entretenant l'ignorance et flattant les plus basses passions humaines. Le peuple, à cette école, devient vil. Les paysans eux-mêmes, sous l'action délétère des curés et la fausse bonhommie des bourgeois-propriétaires, deviennent lâches et corrompus. Suffisamment abruti, ce peuple *souverain*, qui devrait commander, obéit !

C'est dans son sein qu'on recrute l'armée qui se fait battre à Sedan, qui rend sans combat Strasbourg et Metz, mais qui tue le peuple ! C'est dans sa bassesse qu'il se fait mouchard ou agent de police ! C'est dans ses rangs qu'on prend les curés et les évêques qui s'entendent avec Rome pour trahir les gouvernements !

C'est enfin le peuple qui sert de pâture aux vices et à la corruption des grands. C'est lui qui fournit ses épouses à la débauche des riches ; son foyer est corrompu par ceux-là même qui l'oppriment ; ses filles peuplent les maisons de prostitution. Et cependant, si le peuple voulait ! Mais il ne veut pas, il ne sait pas vouloir. C'est le taureau destiné à l'abattoir, enchaîné par une ficelle, qui a peur !

Le prolétaire malheureux la plupart du temps se vend, quand on veut l'acheter. Et il en a tellement pris l'habitude que, lorsqu'un enfant du peuple intelligent parvient à percer la foule et à se placer au premier rang, il trahit le plus souvent ses frères. Remarquez Jules Favre, Laurier, Thiers, Batbie, Lhullier, etc. Lorsque, au contraire, un philosophe se dévoue aux intérêts des masses, il meurt à la peine ou se fait tuer. Voyez Voltaire, Rousseau, Mirabeau, Robespierre, Flourens, etc. Ceci prouve que l'éducation morale manque au peuple. Car les races sont égales, et il n'y a pas de race privilégiée. Mais l'éducation de famille, l'instruction morale, les sentiments exquis qui relèvent l'homme au-dessus de la brute, lui manquent complètement. Lorsqu'il les aura acquis, il comprendra la nécessité de rester uni, de se grouper contre l'ennemi commun ; il sera la force, il sera le droit, il sera libre.

Le peuple compose, à lui seul, toute l'armée ; il a les armes, il est exercé et instruit dans leur maniement par son ennemi même. Il n'a qu'à les tourner contre lui, au lieu de s'en servir contre ses frères. — Quand le fera-t-il ?

Lorsqu'il aura la volonté que donne le sens moral, et l'énergie qu'on puise dans le sentiment de son droit. Alors seulement il sera souverain !

La Révolution de 1789 se trompa dans sa devise même : « Liberté, égalité, fraternité, » parce qu'elle ne pouvait être appliquée. Et toutes les révolutions sont tombées dans la même erreur; elles ont oublié de faire et d'établir d'abord l'*égalité*. L'égalité seule peut amener la *fraternité*. Ensuite l'égalité et la fraternité acquises et réunies amèneront immanquablement la *liberté*. La liberté, au contraire, donnée en premier lieu, ne conduira toujours qu'au désordre, en permettant au partis de combattre contre l'égalité. Et dans ce conflit que sera devenue la fraternité ?

C'est cette erreur de la révolution qui a produit les mécomptes dont nous souffrons.

La réaction, si on la laisse libre, disposant de l'argent et du savoir politique, disposera toujours des charges de l'État. Elle multipliera ses ruses, et fera battre en brèche par ses journaux le mouvement régénérateur de la nation.

Dès lors, la révolution ne pourra se défendre, et se débattra sans programme, inutile, impuissante et enchaînée au milieu des vociférations des clubs, où les ennemis du peuple prêchent toujours l'anarchie pour mieux repousser l'égalité.

Il faut que la démocratie soit préparée d'avance à diriger, à défendre ses intérêts. Lorsqu'une révolution éclate subite et imprévue, le temps de la discussion est passé; il faut marcher énergiquement et sans tergiverser à la réalisation des principes au nom desquels on a combattu; il faut appliquer le programme qu'on a adopté en temps de paix, si l'on ne veut voir se succéder ces malheurs publics, ces hécatombes de républicains que la réaction, que les rancunes des partis sacrifient à leur vengeance, au milieu du désarroi révolutionnaire ou de la République aux abois.

Le moyen infaillible que les riches emploient pour amener l'anarchie, c'est le chômage par la fermeture des ateliers et des usines dont ils disposent. En supprimant le travail, en privant le peuple de pain, ils espèrent interrompre, empêcher l'organisation pénible de la République par le désordre moral, la perturbation sociale et la misère qu'ils suscitent à plaisir. La première chose à faire, c'est donc de maintenir le travail par tous les moyens possibles, c'est de l'augmenter même aux frais des patrons et, au besoin, par la confiscation de leurs biens, de leurs usines, ateliers ou fabriques.

DEUXIÈME PARTIE

L'ÉTAT SOCIAL BASÉ SUR LA SPÉCULATION

> Certains républicains sont opposés à l'émancipation des travailleurs, comme ils étaient autrefois opposés à l'émancipation des nègres.

L'empire a glissé sur la pente de la spéculation dans laquelle il avait cherché sa force et son principal appui. Le 2 décembre fut un essai, une première spéculation heureuse qui servit à sa fondation, la guerre contre la Prusse fut la dernière !

L'empire qu'on a voulu représenter comme le gouvernement du peuple est celui qui, au contraire, a le plus désastreusement pesé et spéculé sur les masses, sur la vie matérielle et intellectuelle du pauvre. En effet, sous l'empire, le prix des objets de consommation a augmenté, le prix des logements et des capitaux s'est accru dans des proportions inconnues, le prix de revient des produits a subi l'accroissement le plus considérable, malgré les traités de commerce avec les nations étrangères, et peut-être à cause de ces traités dont on espérait tant ; enfin la liberté et le libre arbitre des consciences ont disparu dans la corruption.

Augmenter la richesse productive du pays pour faire vivre les populations à meilleur marché, voilà le but avoué de tout gouvernement honnête et intelligent. Eh bien ! qu'est-il résulté depuis vingt-cinq ans ? — Un renchérissement de plus de 40 0/0 de la vie matérielle ; jamais l'agriculture et la propriété n'ont payé pour les emprunts des intérêts plus élevés ; jamais on a payé les substances alimentaires plus cher que depuis que les chemins de fer les transportent à bon marché ; jamais les crises commerciales, industrielles et financières, les faillites, les grèves, les chômages n'ont été plus nombreux et plus fréquents.

La France est une nation principalement agricole ; les produits alimentaires y abondent, tandis que différentes contrées du monde, réduites à leurs propres ressources, auraient une existence difficile. L'équilibre s'établit par le commerce, le plus souvent à son détriment. Et ce fait est tellement vrai que sa production agricole, qui suffirait à couvrir trois ans de disette, manquant quelquefois par l'exagération de son commerce, elle est obligée de se procurer à grands frais à l'étranger ce qu'elle y a vendu la veille. De là vient la cherté des substances alimentaires.

Nos gouvernants ont l'habitude de prendre pour base de la prospérité publique le chiffre des importations et des exportations ; et ils constatent avec orgueil que l'année 1873 est en progrès sur celle de 1869.

Cette manière d'interpréter la prospérité publique est vicieuse. Elle n'arrive même pas à prouver qu'elle amène le numéraire en France, puisque les importations et les exportations s'équilibrent presque.

En 1869, les importations étaient de 2,822,000,000 fr., et les exportations de 2,731,000,000 fr. Total : 5,553,000,000 fr.

En 1873, les importations ont été de 3,112,000,000 fr., et les exportations de 3,487,000,000 fr. Total : 6,599,000,000 fr.

L'augmentation, pour 1873, est donc de 290,000,000 fr. pour les importations, et de 756,000,000 fr. pour les exportations. Total : 1,046,000,000 fr.

Cette augmentation ne grandit pas beaucoup le chiffre de la fortune métallique de la France, tandis que l'exportation des produits alimentaires amène la pénurie sensible des vivres, la cherté des subsistances que nous 'subissons.

Un rapport de Mr Deseilligny, ministre du commerce et du duc Decazes, ministre des affaires étrangères, approuvé par le président de la République, constate avec chagrin que la France est au-dessous de l'Angleterre dans le *total* d'importations et d'exportations qui est, pour l'Angleterre, près du double du total français. Ce rapport conclut à une enquête pour arriver à connaître les moyens de conjurer cette suprématie de l'Angleterre et d'augmenter notre chiffre.

Ces messieurs s'inspirent trop de l'opinion intéressée de la spéculation commerciale, ils oublient que la France, essentiellement agricole, ne peut être comparée à l'industrielle Angleterre.

L'Angleterre est un îlot abrupte qui doit, comme jadis Venise, son existence matérielle et sa puissance dans le monde à son commerce, à ses comptoirs dans les Indes.

Son existence politique dépend de son industrie ; toute sa fortune, toute sa prospérité sont en elle.

La France, au contraire, peut se suffire à elle-même, son agriculture fait sa principale richesse, et ses colonies, au lieu de l'enrichir, lui sont jusqu'à présent à charge : l'Agérie nous coûte 3 milliards de francs. Il est donc insensé pour elle de chercher la prospérité dans le chiffre d'importation et encore moins dans celui d'exportation. Un tel système aurait pour conséquence forcée la dispersion des produits alimentaires, la cherté des subsistances, la faim au pauvre !

Un signe de la prospérité publique, d'après nos hommes d'État et les économistes qu'ils traînent dans leur bagage fiscal, c'est aussi l'accroissement du produit des contributions indirectes. Cette manière d'envisager la prospérité publique est profondément erronée ; elle est perfide comme une mystification. Depuis cinquante ans, on étale dans les assemblées publiques des chiffres grossis de l'augmentation même des impôts qui ruinent le peuple, et on les donne comme une preuve indiscutable de la prospérité publique. Examinons ce système toujours applaudi par les parasites du budget. Commençons par l'enregistrement : nous trouvons que le produit de l'enregistrement s'est accru, en 1860, du droit *du double décime* ; ce qui fait une augmentation de 20 0/0. Ainsi donc, l'augmentation vient d'un impôt nouveau surchargeant le public. Singulière manière de constater le progrès dans une société par l'augmentation des charges !

Quant à nous, nous pensons que l'augmentation du produit des contributions indirectes démontre la décadence de la prospérité publique. En effet, c'est quand la gêne et la misère étreignent la société, dans l'agriculture, dans le commerce, comme dans l'industrie, que les protêts, les sommations, les assignations, les significations, les jugements, les déclarations de faillite, les ventes forcées ou judiciaires augmentent les produits de l'enregistrement. Et plus cette gêne sociale se fait sentir, plus l'État devient exigeant. Bien qu'on consomme plus de papier timbré dans une société en faillite que dans une société prospère, il augmente continuellement le prix du papier timbré et les droits sur les transactions commerciales !

Nous aurions d'innombrables raisons à faire valoir à propos des liquides ; bornons-nous à constater que l'augmentation du produit de l'impôt sur les boissons ne provient pas d'un accroissement de consommation, mais seulement de la surélévation du droit sur les alcools et de l'accroissement dans les villes de la consommation des boissons soumises aux droits d'entrée. Et cette augmentation de consommation dans les villes provient des immigrations des habitants de la campagne, au nombre d'environ trois millions, qui se sont répandus dans les centres, et qui, auparavant, n'acquittaient presque pas de droits fiscaux.

Ces immigrations n'étonneront personne. On sait que, sous l'empire, il a été dépensé 15 milliards dans les centres en travaux de toute espèce, exécutés simultanément pour le compte du gouvernement, celui des départements et de l'industrie privée.

Il nous reste à parler des sucres soumis, dès 1860, à la surtaxe de 50 0/0 qui fit, déjà à cette époque, diminuer la consommation et affecta principalement les familles de la classe ouvrière.

On voit donc que l'augmentation du produit des contributions indirectes marque les étapes de la misère publique, au lieu d'être un signe de prospérité.

L'abondance des produits augmente la richesse d'un pays, et cette abondance en fait baisser les prix. La disette des produits, au contraire, amène le renchérissement de toutes choses, et ce renchérissement est le signe indu-

bitable de la décadence productive, la conséquence natu-
relle de l'appauvrissement graduel de la nation.

L'augmentation de l'effectif militaire, l'effectif des ouvriers employés aux travaux d'embellissement et de luxe,
celui des travailleurs enlevés à la production agricole, industrielle et commerciale pour exécuter des travaux improductifs dans les grandes cités, diminuent la richesse productive, et préparent la corruption des individus désormais
incapables d'un travail productif.

Les économistes, à la solde des gouvernements, préten-
dent bien que le renchérissement de toutes choses ne provient pas de la diminution de la production, ni de sa
dispersion intempestive à l'étranger, mais bien de la
dépréciation qu'a subi la monnaie ; tandis que cette diminution de la valeur de la monnaie, en admettant qu'elle
existat réellement, serait produite par les mêmes causes
que l'élévation du prix des objets de consommation.

Que les citoyens payent les produits nécessaires à leur
existence 40 0/0 plus cher ou qu'ils payent ces objets le
même prix avec une monnaie qui, dans le change, vaut
40 0/0 de moins, le résultat ne sera-t-il pas exactement le
même pour eux ? Le fait est évident et n'a pas besoin
d'une plus longue démonstration.

Le renchérissement de toutes choses est donc le résultat
de la paresse ou d'un travail improductif. La paresse vient
des grands, des riches inoccupés, le travail improductif de
la mauvaise direction que les gouvernements donnent à la
main-d'œuvre.

La rareté des produits en fait seule hausser le prix, tandis que l'abaissement de ce prix résulte de la plus grande
abondance. Les mauvaises récoltes renchérissent toutes les
denrées, tandis que les récoltes abondantes les font baisser
et consommer à bon marché.

La France est une nation riche des produits de son sol ;

l'exportation de ses denrées alimente, peut-être à nos dépens, le monde entier. Mais que résultera-t-il si, grâce aux contributions indirectes, aux octrois qui frappent les principales denrées alimentaires, les étrangers peuvent sans payer plus cher à nos producteurs, et en les exportant, franches d'impôts et d'octrois, les acheter pour les consommer chez eux à un prix moins élevé que nous-même? C'est cependant ce qui arrive! Si on examine avec soin les produits qui ont subi la plus forte augmentation de prix, on reconnaîtra que ce sont nos denrées alimentaires, celles qui supportent à l'intérieur les taxes fiscales et municipales, et celles précisément dont l'exportation a le plus augmenté pour l'Angleterre.

En effet, l'exportation des vins s'est accrue de 70 0/0, celle des fruits de 80 0/0; celles du beurre, des œufs et du fromage ont triplé, et celle des légumes a décuplé. Ne sont-ce pas ces produits dont le prix a le plus augmenté en France?

Nous ne sommes pas ennemi systématique des traités de commerce ; mais, du moins, quant aux substances alimentaires dont la France abonde, le bon sens devrait indiquer aux gouvernements que, avant de faire des traités de commerce, il faudrait placer le pays dans des conditions économiques semblables à celles des puissances avec lesquelles on contracte, c'est-à-dire réformer la législation, les impôts et les taxes municipales.

C'est parce qu'on a négligé de faire ces réformes intérieures que le traité de commerce avec l'Angleterre n'a profité qu'à cette puissance, et que nous payons 25 0/0 plus cher depuis que le traité a été conclu, tandis que nos voisins consomment chez eux les substances alimentaires à 30 0/0 au-dessous des prix antérieurs. Il en est résulté pour eux un accroissement général de la consommation, sans qu'il y ait eu augmentation de dépense, et des recettes budjétaires plus grandes qui leur ont permis de diminuer certains impôts ; et, en même temps, d'opérer la réduction d'une partie de la dette publique.

Les traités de commerce, dans ces conditions, ont enrichi en France les propriétaires. C'est incontestable. Mais c'est au détriment du peuple. La disette s'est produite au milieu de l'abondance ; l'agriculture est devenue une spéculation ! C'est dans le midi principalement qu'on trafique le plus des intérêts agricoles ; on renonce à la culture du blé pour celle plus lucrative de la vigne ; les coteaux ne suffisant plus, on plante la vigne dans la plaine et même dans les terrains à l'arrosage propices aux grains. On produit à coup sûr de très-mauvais vins qui ne peuvent être classés, qu'on est obligé d'additionner d'alcool et de surcharger de plâtre, mais qui amènent d'excellentes recettes aux propriétaires. On bouleverse alors l'économie agricole et productive d'un pays ; des plaines fertiles sont transformées en vastes fabriques de falsification, ayant pour entrepôts : Cette, Montpellier, Narbonne, Perpignan. Et, au milieu de cette confusion, les vins généreux et liquoreux du Roussillon deviennent des *vins de commerce*, propres à l'exportation. L'argent afflue ainsi. Qu'importe que le peuple souffre, qu'il paye 25 0/0 plus cher un produit défectueux et malsain, pourvu que le propriétaire augmente ses revenus et puisse alimenter, à grand prix, sa table de vins fins !

Le bien-être des massés ne peut augmenter que par l'abaissement du prix des produits. L'augmentation toujours tardive du salaire, provoqué par le renchérissement de toutes choses, qui, pour cela même, ne se fait pas au bénéfice du salarié, et qui ne lui vient, comme l'aumône, que lorsque les privations au foyer ont atteint les dernières limites du possible, n'est pas une solution économique efficace.

D'ailleurs, l'*enflure* démesurée des budgets n'a-t-elle pas augmenté les charges de chacun de 60 0/0 depuis vingt-cinq ans ? Et le travailleur pourrait-il suffire à cette accroissement de charges sans trouver une compensation dans l'augmentation de salaire ?

La richesse *effective* d'une nation consiste dans le développement de son agriculture, de son commerce et de son industrie, dans la quantité de capitaux dont elle dispose pour les travaux productifs, dans l'abondance des produits qu'elle récolte, dans la réduction des prix de revient de la production, dans l'abaissement du prix moyen de toutes choses. Elle ne consiste pas dans la quantité de capitaux qu'on emploie en travaux improductifs ou dans le nombre d'ouvriers qu'on arrache aux champs pour les transporter dans les grandes villes, avec l'appât d'un salaire supérieur.

La stérilisation de l'épargne amène immanquablement un *recul* dans la production. Pendant que les besoins de consommation augmentent sans cesse avec la population et l'arrivée incessante des voyageurs étrangers multipliée par les chemins de fer, la production diminue de tout le poids des capitaux restés improductifs entre les mains des grands ou employés à des œuvres stériles, de luxe, d'agrément et en spéculation de bourse. Mais le malaise, qui s'étend sur les populations comme une prostration incessante, vient principalement de l'augmentation de nos dépenses budgétaires, portées à 2,532,689,992 francs qui pèsent lourdement sur chaque citoyen, notamment sur le pauvre, et absorbent une partie de son salaire.

Ce n'est donc pas par une élévation du prix des produits agricoles, qui arrive toujours aux dépens des masses et qui n'enrichit que les riches, qu'on favorisera l'agriculture, mais par la diminution des frais de culture et du prix de revient des produits. Disons tout de suite que la grande propriété nuit à l'agriculture, comme un grand développement de luxe nuit à l'économie. Les grands propriétaires font de l'agriculture, comme les amateurs font de la musique, par agrément ; ils diminuent, par cela même, la production. Les riches laissent des espaces de terrain immenses sans emploi : les pelouses, les promenades, les parcs, tous les enclos destinés aux chasses sont perdus pour l'agriculture, tandis que le paysan-propriétaire multiplie ses efforts sur son petit champ afin de multiplier ses produits !

Si on réfléchit un instant à l'insuffisance croissante des salaires et aux chômages industriels, engendrés par l'impéritie dans laquelle se débattent les gouvernements étayés sur un état social vicieux, on verra que l'écroulement de la vieille société bourgeoise, telle que nous l'a livrée 1789, héritière des vices et des prérogatives des grands, est prochaine.

La production agricole et industrielle à bon marché, voilà le problème économique à résoudre. Mais ce n'est pas en entretenant depuis cinquante ans une armée sur pied de guerre, en couvrant la France de casernes, de prisons et d'églises, en frappant d'impôts successifs les objets de première nécessité, en entreprenant des travaux improductifs pour apaiser momentanément et au jour le jour, la faim de la classe ouvrière, qu'on parviendra à le résoudre. Ce n'est pas non plus en attirant à la *bourse* une quantité de petits capitaux utilement placés dans les cultures ou les travaux productifs de la province pour en enrichir les spéculateurs au détriment de la production agricole et industrielle qu'on arrivera à l'équilibre économique. Qu'importe que le capital soit abondant, s'il ne circule que dans les banques, s'il est improductif entre les mains de quelques-uns, comme entre les mains des joueurs ; si, accumulé dans les caisses publiques, il ne sert qu'à la spéculation et n'est pas employé à la production ?

La terre en possession des riches, le capital dans le coffre des spéculateurs produit le malaise social et amène la corruption morale de la France. La misère s'étend comme un voile de deuil sur la nation intelligente et malheureuse, et avant d'entraîner les pauvres au crime, elle les fait passer par les épreuves d'une corruption dont ils trouvent l'exemple dans les palais des grands, sous l'hermine de la magistrature, comme sous l'armure des guerriers.

La statistique des crimes n'a jamais été plus effrayante que sous l'empire. En 1868, 351,275 individus furent condamnés pour crimes et délits de droit commun, et 33,018 individus sont sortis de prison cette même année

La progression de crimes et délits de 1868 sur 1867 était de 3,806. L'année 1867 était elle-même en progression sur les années précédentes.

Le nombre des récidivistes va toujours croissant. Il est actuellement de 80 0/0 pour les hommes, et de 48 0/0 pour les femmes ; et il résulte des comptes annuels de la justice criminelle que, sur 1,000 individus libérés des maisons centrales ou des pénitenciers agricoles, 260 femmes et 400 hommes sont repris et jugés dans l'année de la libération ou dans les deux années qui suivent. Tous les ans, la police reprend et la justice rejette en prison 200,000 récidivistes environ.

Il n'en saurait être autrement ; la société leur refuse du travail et du pain; ils ne pourraient échapper au crime ceux que tout le monde repousse et que tout le monde craint.

Comment éviteraient-ils la prison ceux que la société délaisse, qui ne recueillent que le mépris ? Alors que nous avons vu des vieillards honorables, sans moyens d'existence, se faire emprisonner l'hiver pour vagabondage, afin de trouver en prison le morceau de pain noir qui manquait au foyer !

La misère sévit actuellement à Paris d'une façon terrible. Au lieu de donner du travail aux pauvres, on cache les capitaux, et on use du vieux moyen, « l'aumône, » aussi avilissant pour celui qui la donne que pour celui qui l'a reçoit.

Entre autres *œuvres*, dites « de bienfaisance, » nous remarquons l'*Œuvre des pauvres malades dans les faubourgs*. Elle *exerce* dans les quartiers de la Butte-aux-Cailles, de la Tombe-Issoire, de la Glacière, de Montmartre, de Clignancourt, et à Plaisance.

Nous détachons les lignes suivantes d'un de ses rapports mensuels :

« On ignore trop, dans certaines classes de la société,
« les abîmes de misère qu'entoure le luxe de Paris comme
« *une ceinture*, et il faut que nous signalions, parmi les
« faubourgs de l'ancienne banlieue, la Maison-Blanche
« (Glacière et Butte-aux-Cailles), où le désordre matériel
« et moral dépasse tout ce que l'imagination peut rêver de
« plus hideux. Lorsqu'on n'a pas vu les passages de ce
« quartier, entre autres le *Passage des Anges*, on ne peut
« s'en faire une idée.

« L'agglomération de ces familles dans ces allées longues
« et étroites, divisées en *cases*, qui ressemblent assez à des
« toits à porcs, la saleté, l'odeur infecte des chiffons, les
« physionomies étranges des habitants, donnent à ce coin
« de la capitale un aspect inouï, et on se représente facile-
« ment ces malheureux, descendant un jour d'émeute,
« comme des hordes barbares, avec la haine et la convoi-
« tise dans le cœur. Comment s'en étonner, quand on voit
« les conditions de leur vie, quand on sait que les notions les
« plus élémentaires de morale et de religion leur manquent,
« et que, chez la plupart d'entre eux, il n'y a rien de dé-
« veloppé, sinon les appétits matériels ? »

Cette « œuvre, » qui est *pratiquée* par les plus grandes dames, à qui la misère de ces malheureux sert de spectacle et de passe-temps, ne craint pas, après avoir fait un tableau aussi navrant que vrai de leur détresse, de les calomnier.

On les accuse de ne pas avoir *de morale, de religion,* et de *n'avoir de développé que les appétits matériels.* Quelle affreuse dérision ! Comment ces hommes, ces femmes qui n'ont pas mangé, qui ont faim, qui se meurent dans les angoisses de la plus poignante misère, entassés dans des réduits infects, au froid, à l'humidité, sans feu ; ces enfants beaux comme les vôtres, mesdames, ces enfants qui se disputent un morceau de pain, livides, confinés dans des coins sales et gluants dont vous ne voudriez pas pour vos levrettes ; ces épouses qui, faute de nourriture, ne peuvent plus allaiter leur nouveau-né, mais le supportent au sein qu'il déchire à belle dents ; tout ce monde grouillant n'a que *des appétits matériels !* Et qu'avez-vous donc, vous autres qui absorbez la fortune publique, dont les carrosses éclaboussent les passants, qui avez vingt plats à votre dîner et vingt amants à votre coucher ? Oh ! tenez, vous l'avez dit, si ces gens-là descendent dans la rue un jour qu'ils auront faim, ils feront justice de vos haines, de vos calomnies et de votre dédain. Et toute cette colère s'appesantira peut-être sur vous d'une façon terrible !

C'est bien le besoin de vengeance qui pousse à la révolution, comme c'est bien l'appui des repris de justice, ces délaissés de la société, qui la fait dévier quelquefois de sa voie généreuse et libératrice.

Convaincu que ce qui a manqué à la Révolution, pour la préserver de l'entraînement des passions et de la trahison des partis, est un programme, nous l'avons cherché dans l'ÉGALITÉ, et nous le soumettons humblement au peuple ; nous lui offrons comme la formule de l'émancipation des travailleurs.

TROISIÈME PARTIE

LOIS FONDAMENTALES DE LA RÉPUBLIQUE FRANÇAISE

> Le droit est le souverain du monde.
>
> MIRABEAU.

> Posséder ou acquérir du superflu, lorsque le plus grand nombre manque du nécessaire, c'est voler !

I

Droits, Justice, Commune

Article premier. — Les Français sont majeurs à vingt et un ans.

Art. 2. — Tout homme majeur est électeur et éligible, s'il est Français ou naturalisé Français et s'il jouit de ses droits civils.

Art. 3. — Le Français est libre ; son domicile est inviolable. La libre pensée est proclamée un droit.

Art. 4. — Tous les hommes sont égaux devant la loi.

Art. 5. — Les tribunaux exceptionnels : conseils de guerre, cours martiales et hautes cours de justice sont abolis.

Art. 6. — La justice civile et militaire sera déférée au jury qui connaîtra seul des crimes et délits, civils et politiques.

Art. 7. — La peine de mort est abolie en matière criminelle et en matière politique.

Art. 8. — Les jurés auront trente ans révolus. Ils jouiront de leurs droits civils.

Art. 9. — La magistrature inamovible est abolie.

Art. 10. — Les juges, les procureurs généraux, les avocats généraux, les procureurs de la République et leurs substituts seront nommés par les électeurs.

Ils seront nommés pour trois ans. Ils pourront être réélus.

Art. 11. — Les juges de paix, les juges et les présidents des tribunaux de commerce, les juges et les présidents des tribunaux civils, les juges et les présidents des tribunaux d'appel seront nommés par les électeurs compris dans les circonscriptions de ces tribunaux.

Art. 12. — Les juges et les présidents, siégeant en cour de cassation, seront nommés par les électeurs de toute la France et des colonies.

Art. 13. — Un tribunal criminel assisté du jury fonctionnera dans chaque département.

Art. 14. — La justice sera rendue gratuitement.

Art. 15. — La défense sera aussi gratuite, donnée d'office, et rétribuée par l'État, en matière criminelle et en matière politique.

Toutefois, l'accusé pourra se faire assister d'un conseil choisi par lui et à ses frais.

Art. 16. — Tout homme jouissant de ses droits civils, agréé par la partie, pourra se constituer défenseur d'un accusé ou d'une cause, et plaider devant les tribunaux et devant les cours d'assises, d'appel et de cassation en toute liberté.

Art. 17. — En matière civile et commerciale, les frais de la dépense seront à la charge des parties. Néanmoins, en cas d'insuffisance pécuniaire, sur la demande de la partie pauvre, le tribunal pourra nommer un défenseur d'office rétribué par l'État.

Art. 18. — Le temps passé en prison avant jugement comptera, après l'application de la peine, au profit du condamné.

Art. 19. — Le prévenu relâché, en vertu d'une ordonnance de non-lieu, aura droit à une indemnité contre l'État et le dénonciateur qui l'aurait dénoncé. L'importance de cette indemnité variera selon le temps que l'inculpé innocent aura passé en prison et le dommage qu'il aura souffert.

Art. 20. — L'accusé, s'il est acquitté, pourra se pourvoir en dommages-et-intérêts contre le calomniateur et l'État.

Art. 21. — La famille du prévenu, inculpé ou accusé (femme, enfants, pères et mères, grands-pères) etc., et généralement toutes les personnes à sa charge auront droit à des subsides pendant la durée de la détention préventive. Ces subsides ne se confondront pas avec l'indemnité à laquelle l'inculpé, prévenu ou accusé pourra avoir droit par les art. 19 et 20.

Art. 22. — Il sera établi auprès des tribunaux des grands juges chargés de l'instruction des crimes et délits. Ces grands juges seront nommés, comme les juges, par le suffrage des électeurs pour trois ans ; ils pourront être réélus.

Art. 23. — Tous les juges et grands juges auront au moins trente-cinq ans.

Tous les Français jouissant de leurs droits civils pourront être nommés juges, grands juges, avocats généraux, procureurs généraux et présidents.

Art. 24. — Les greffiers et huissiers près les tribunaux seront nommés par les soins du ministre de la justice.

Art. 25. — La préfecture de police est supprimée. Les commissaires de police sont supprimés.

Art. 26. — Il est créé des magistrats adjoints aux grands juges pour remplir les fonctions de commissaires de police et veiller à la sécurité des citoyens.

Art. 27. — Les magistrats adjoints aux grands juges auront au moins trente ans. Ils seront nommés par le suffrage universel et pour trois ans dans les localités où fonctionnaient les commissaires de police ; ils pourront être réélus.

Art. 28. — Il sera établi dans chaque département un administrateur de département pour remplacer les préfets qui sont supprimés. Les administrateurs de département seront nommés par les soins du ministre de l'intérieur.

Art. 29. — Les conseils municipaux prendront le nom de conseils de la commune.

Art. 30. — Les maires et les conseils de la commune seront nommés par le suffrage universel et pour trois ans. Tous les citoyens âgés de vingt et un ans, domiciliés depuis six mois dans la localité seront éligibles.

Art. 31. — Les maires de Paris correspondront directement avec le ministre de l'intérieur ; ceux de la province avec les admistrateurs de leur département.

Art. 32. — Les magistrats adjoints aux grands juges et la force armée devront prêter main-forte, s'ils en sont requis, à l'autorité communale représentée par les maires.

Art. 33. — Les conseils de la commune nommeront leur président.

Le maire pourra être choisi.

Art. 34. — Les conseils généraux prendront le nom de conseils départementaux ; ils seront nommés par les électeurs et pour trois ans. Tous les citoyens âgés de vingt et un ans, domiciliés dans le département, seront éligibles. Les présidents des conseils départementaux seront nommés par les membres eux-mêmes de ces conseils.

Art. 35. — L'administration des administrateurs de département sera soumise au contrôle des conseils départementaux qui correspondront par l'intermédiaire de leur président, avec le ministre de l'intérieur.

Art. 36. — La presse est déclarée libre. Les droits de timbre et tous autres sont abolis.

Art. 37. — Les délits de presse seront jugés par le jury.

Art. 38. — Les Français jouiront, en pleine liberté, du droit de réunion, pourvu qu'ils n'offensent pas la morale et ne troublent pas l'ordre public.

II

Instruction et apprentissage

Art. 39. — L'instruction élémentaire des deux sexes est obligatoire à partir de six ans jusqu'à douze ans. Elle est gratuite à tous les degrés.

Art. 40. — A douze ans, l'enfant devra apprendre un métier ou continuer ses études.

Art. 41. — L'enfant, destiné par ses parents à poursuivre ses études, passera un examen de *capacité*. S'il est admis *bon à continuer*, il poursuivra ses études. Dans le cas contraire, il entrera dans les ateliers de l'État pour y apprendre gratuitement un métier. Les garçons pourront entrer, sur la demande des parents, dans une ferme-école pour y apprendre l'agriculture.

Art. 42. — Les parents qui auront un métier ou une profession libérale, un commerce ou une exploitation agricole et qui voudront garder leurs enfants, âgés de plus de douze ans auprès d'eux, le pourront, à condition de leur apprendre le métier, l'état ou l'industrie qu'ils professent. Ils devront, toutefois, en faire la déclaration à l'autorité compétente.

Art. 43. — Les orphelins et les enfants *assistés* seront élevés, instruits et entretenus gratuitement dans les établissements de l'État.

Art. 44. — Les enfants, en possession de parents, fréquenteront les écoles, colléges, lycées et ateliers de l'État pour y suivre les cours ou y faire leur apprentissage gratuitement. Mais la nourriture, le logement et l'entretien continueront, en conséquence, à rester à la charge des parents. Toutefois, les parents qui seraient momentanément dans l'impossibilité de nourrir et d'entretenir leurs enfants pourront les faire admettre gratuitement dans les établissements de l'État.

Art. 45. — Les parents fortunés pourront faire admettre les enfants dans les établissements de l'État, à titre de pensionnaires, en payant une rente annuelle.

Art. 46. — Les écoles, lycées et colléges congréganistes sont supprimés.

Art. 47. — Les colléges, lycées et écoles laïques, à titre privé, sont tolérés, à condition de se conformer aux lois et réglements universitaires.

Art. 48. — Les enfants âgés de seize ans seront tenus de faire des exercices militaires et de gymnastique, au moyen de prévots d'armes commis à cet effet dans les établissements d'instruction publique et d'apprentissage.

III

Cultes. Mœurs. Enfants naturels. Divorce

Art. 49. — L'État ne reconnait pas d'Église et n'en subventionne aucune.

Art. 50. — L'État tolère tous les cultes pourvu qu'ils soient pratiqués publiquement, qu'ils soient soumis aux lois en vigueur, qu'ils n'offensent pas la morale, et ne troublent pas l'ordre public.

Art. 51. — Le communisme étant supprimé sur toute l'étendue du territoire de la République, les couvents seront fermés ; les maisons *dites de tolérance* seront supprimées.

Art. 52. — Les enfants nés d'une union illégale, c'est-à-dire hors mariage civil, prendront de droit le nom de leur père et mère, et seront inscrits sur les registres de l'État civil à ce titre, en vertu de cet axiôme : *Pater est quid nuptia demonstrant.*

Art. 53. — La mère et l'enfant, leurs parents ou leurs protecteurs seront admis à prouver la paternité.

Art. 54. — L'enfant issu d'une union illégale sera à la charge de son père et de sa mère ; il héritera, à titre d'enfant naturel, en concurrence et au détriment des enfants légitimes nés ou à naître de leur père et mère.

Art. 57. — La fille-mère aura droit, sur son suborneur, à une pension alimentaire tant qu'elle ne sera pas mariée.

Art. 56. — La loi du 8 mai 1816, qui abolit le divorce, est abrogée. La loi sur le divorce, décrétée le 21 mars 1806 et promulguée le 31 du même mois, est rétablie.

IV

Impôts

Art. 57. — L'impôt sur les patentes, les contributions directes et indirectes, les douanes intérieures, l'impôt des octrois et généralement tous les autres impôts au profit de l'État ou des villes, sont abolis.

Art. 58. — L'impôt sera unique. Il sera calculé sur le montant de la fortune foncière, immobilière et mobilière de chacun ; il sera progressif, selon les fortunes : celui qui possédera peu payera peu ; celui qui possédera beaucoup payera beaucoup.

Art. 59. — Chacun sera taxé par des commissions budgétaires installées *ad hoc*.

Art. 60. — Considérant que depuis vingt-cinq ans tous les objets de consommation alimentaire ont subi, en moyenne, une hausse de 50 0/0, que cette hausse vient principalement des exportations, de denrées et substances alimentaires à l'étranger, favorisées par l'établissement des voies ferrées, il est établi une taxe de 50 0/0 à la sortie du territoire français sur tous les articles alimentaires à destination de l'étranger : blés, grains, farines, viande de boucherie en pied et en détail, volailles, beurres, huiles, gibier, fromages, légumes fruits, vins et spiritueux, et généralement sur tous objets et subtances de bouche propres à l'alimentation.

Art. 61. — L'Etat prendra à sa charge tous les emprunts faits par les villes, moyennant une taxe extraordinaire qu'il percevra sur les imposés des villes endettées, progressivement à raison de la fortune de chacun.

Art. 62. — Le célibat étant en opposition avec la nature, contraire à la génération ou, tout au moins, contraire aux mœurs, nuisible à la famille qu'il entraîne à la dissolution, sera imposé.

Art. 63. — Les hommes payeront l'impôt du célibat depuis l'âge de 25 ans.

Art. 64. — Les femmes ne payeront l'impôt du célibat qu'autaut qu'elles auront de la fortune. Ces catégories de femmes payeront l'impôt depuis l'âge de vingt et un ans.

Art. 65. — Les veufs et les veuves ayant des enfants seront dispensés de payer l'impôt du célibat.

Art. 66. — Les personnes atteintes de maladies contagieuses réputées incurables : les crétins, les bossus (et généralement toutes les personnes boiteuses ou contrefaites de naissance) seront dispensés de payer l'impôt du célibat.

Art. 67. — Les prêtres, les abbés et les ministres des différents cultes non mariés paieront comme les autres célibataires l'impôt du célibat.

Art. 68. — Les personnes vivant en concubinage seront dispensées de payer l'impôt du célibat, si elles ont des enfants.

V

Armée

Art. 69. — La conscription par voie *de tirage au sort,* est abolie.

Art. 70. — Tous les citoyens âgés de vingt ans sont soldats jusqu'à l'âge de quarante ans.

Ils seront tenus de se rendre dans les zônes militaires, camps ou ports de mer désignés, pour y apprendre le métier des armes, ou faire partie des expéditions militaires ou maritimes, lorsqu'ils seront commandés. Ils ne seront payés que pendant leur présence au corps.

Art. 71. — En temps de paix, l'avancement se fera dans l'armée par ordre de mérite et sur examen.

En temps de guerre, la valeur militaire, le succès, l'intelligence ou la bravoure sur le champ de bataille détermineront plus spécialement le choix à l'avancement.

Art. 72. — Les officiers et sous-officiers, existant dans les cadres actuellement, seront maintenus dans l'armée. En temps de paix ou de repos, ils seront utilisés dans les services publics, civils et administratifs.

VI

Égalité

Aart. 73. — L'égalité étant le principe de la justice doit régulariser la position de chacun, et assurer une rémunération suffisante au travail, à l'intelligence, conformément aux mœurs et à la civilisation d'un peuple éclairé. En conséquence, il est établi une limite aux fortunes, et le cumul dans les emplois comme dans la richesse est prohibé.

Art. 74. — Nul ne pourra posséder ni acquérir des valeurs foncières ou mobilières, meubles ou immeubles, d'un prix au-dessus de 500,000 francs.

Art. 75. — L'excédant au chiffre de 500,000 francs sera confisqué au profit d'une caisse dite des travailleurs.

Art. 76. — Nul Français ne pourra acquérir des biens à l'étranger, sous peine de perdre sa qualité de Français, à moins qu'il n'en déclare la valeur au représentant de la France pour faire partie de l'avoir légal et autorisé.

Art. 77. — Celui qui, pour se soustraire à la confiscation légale, aura fait passer de l'argent ou des valeurs mobilières à l'étranger, sera privé de ses droits civils et encourra la confiscation de tous ses biens.

Art. 78. — La caisse des travailleurs sera administrée par une commission de travailleurs nommée *ad hoc* par le suffrage universel, pour un laps de temps qui n'excédera pas trois ans.

Art. 79. — Les biens des couvents, des jésuites et des corporations religieuses seront confisqués au profit de la caisse des travailleurs.

Art. 80. — Tous les Français majeurs, citoyens et citoyennes, sans fortune et sans emploi, auront droit à un capital dit d'*émancipation* qui leur sera prêté avec l'obligation de s'établir et de travailler.

Art. 81. — Le chef de famille ayant à sa charge trois enfants et au-dessus aura droit, sur sa demande, à un capital d'émancipation double.

Art. 82. — Les religieux rendus à la vie civile et au travail auront droit, comme les autres citoyens, au partage du capital d'*émancipation*.

Art. 83. — Les biens des maisons de prostitution, dites *de tolérance*, seront consfisqués au profit de la caisse des travailleurs.

Art. 84. — Les domestiques et les employés étant à la charge du maître n'auront pas droit au partage du capital d'*émancipation*.

Art. 85. — Les employés et fonctionnaires publics, à quelque ordre qu'ils appartiennent, n'auront pas droit au capital d'émancipation.

Art. 86. — Tout individu qui, en dehors de sa volonté et d'une action répréhensible, aura fait de mauvaises affaires ou éprouvé des pertes, dans des cas de force majeure, aura droit au remplacement de tout ou partie du capital perdu.

Art. 87.— Tout individu convaincu d'avoir, par des voies déréglées, dissipé le capital d'*émancipation* sera déféré aux tribunaux qui pourront, en cas de récidive, prononcer son expulsion du territoire français.

Art. 88. — Au cas d'une condamnation simple pour un délit n'entraînant pas la perte des droits civils, les condamnés, à l'expiration de leur peine, auront droit au capital d'émancipation.

Art. 89. — Celui qui aura perdu deux fois le capital d'émancipation sera inhabile à occuper des emplois publics.

Art. 90. — Le traitement des hauts fonctionnaires à l'intérieur ne pourra dépasser 25,000 francs par an.

Art. 91. — Les ambassadeurs et les chargés d'affaires, les ministres plénipotentiaires à l'étranger pourront avoir un tiers en sus du dit appointement de 25,000 francs et des frais de représentation.

Art. 92. — Les emplois publics seront donnés de préférence à ceux qui posséderont moins.

Art. 93. — Tous les ministres, tous les fonctionnaires publics, à quelque ordre qu'ils appartiennent, civil, militaire ou administratif, se soumettront à une enquête sur le montant de leur fortune en entrant en fonctions. Ils y seront soumis également en quittant leurs fonctions.

Art. 94. — La mendicité est interdite sur le territoire de la République française.

Art. 95. — Les bureaux de bienfaisance, à quelque ordre qu'ils appartiennent, (publics ou privés) seront supprimés. Leurs biens seront confisqués au profit de la *Caisse des travailleurs*.

Art. 96. — Il sera établi, aux frais de la Caisse des travailleurs, des asiles pour les vieillards, les personnes mutilées, ou atteintes de maladies ou d'infirmités, — qui n'auraient pas des moyens d'existence.

Les femmes seront séparées des hommes.

Les personnes atteintes de maladies contagieuses seront placées dans un bâtiment spécial.

Les époux seront placés ensemble.

Art. 97. — Les propriétaires de terrains, fermés ou non fermés, non utilisés pour l'agriculture ni autrement, seront soumis à une amende. En cas de récidive, les dits propriétaires seront dépossédés des dits terrains, au profit de la Caisse des travailleurs.

Art. 98. — La Caisse des travailleurs aura une succursale dans chaque chef-lieu de département.

Art. 99. — Les prêts seront faits pour vingt ans et seront remboursables, sans intérêt, à raison de 5 0/0 l'an ; de telle manière que, en vingt ans, la Caisse des travailleurs rentrera dans son capital en entier.

Art. 100. — Celui qui ne payerait pas l'annuité de 5 0/0 l'an encourrait la confiscation.

Art. 101. — Au bout de vingt ans, les sommes disponibles serviront à payer la dette nationale et à équilibrer tous les ans le budget, de telle sorte que les Français ne payeront plus d'impôts. *(Voyez* Nota).

Nota. — La valeur agricole, industrielle, immobilière et mobilière de la France est de 600 milliards au moins, — donnant un produit de 30 milliards, porté par les Prussiens eux-mêmes.

La valeur agricole et industrielle entre déjà dans ce chiffre pour 240 milliards, qui donnent un produit annuel, susceptible d'augmentation, de 12 milliards, sans avoir subi aucune manutention ; mais après avoir passé par tous les degrés de la manufacture, qui la rend propre à la consommation, la production brute a acquis une valeur sextuple de celle qu'elle avait à son état de matière première, soit une valeur de 72 milliards, représentant le revenu en produits manufacturés propres à la consommation.

La valeur mobilière et immobilière compte donc pour 360 milliards, et Paris, à lui seul, est pour un cinquième dans ce chiffre. En conséquence, la valeur totale de la France étant au moins de *600 milliards*, mettons que le superflu des riches, compté au-dessus et à partir de 500,000 francs, absorbe un sixième de cette somme, — soit 100 milliards (et nous sommes, bien entendu, au-dessous du chiffre réel), nous aurons donc au moins 100 milliards pour former le capital de la Caisse des travailleurs.

Ce capital se trouvera, dans vingt ans, à nouveau disponible et augmenté du revenu du vingtième, soit de l'intérêt composé et capitalisé des 5 milliards qui rentreront tous les ans dans les caisses. On pourra, en conséquence, facilement rembourser la dette publique, qui est de 22,750,000

VII

Constitution des pouvoirs publics

Art. 102. — Les électeurs nommeront une Assemblée nationale pour trois ans, d'après la loi du suffrage universel.

Art. 103. — L'Assemblée nationale nommera son président et son bureau.

Art. 104. — L'Assemblée choisira dans son sein une commission de quinze membres qui prendra le titre de : *Commission exécutive gouvernementale*.

Art. 105. — La Commission exécutive gouvernementale nommera les ministres et les fonctionnaires publics ; ces derniers sur l'initiative et la présentation des ministres.

Art. 106. — La Commission exécutive et les ministres seront responsables devant l'Assemblée et le pays.

Art. 107. — Les représentants à l'Assemblée nationale seront inviolables.

---

de francs environ, équilibrer le budget (d'ailleurs sensiblement diminué) avec l'intérêt annuel des sommes restant en caisse ; et subvenir, sans avoir recours aux emprunts ni aux contributions, à toutes les dépenses prévues et imprévues, de guerre ou autres, — en continuant de servir les capitaux d'*émancipation* dans les cas restreints qui se présenteraient.

Nous avons donc eu raison de dire que, dans vingt ans, les Français auraient payé leur dette et seraient exempts d'impôts, si notre plan était adopté.

Art. 108. — Les représentants à l'Assemblée nationale seront payés. Ils ne pourront pas accepter des fonctions publiques.

Art. 109. — Les ministres seront pris en dehors de l'Assemblée.

Art. 110. — La Commission exécutive et les ministres seront révocables de leurs fonctions.

Art. 111. — En cas de révocation, les membres de la commission exécutive rentreront au sein de l'Assemblée, comme simples représentants, à moins qu'ils ne soient mis en jugement ou déclarés *indignes* par un vote public.

Art. 112. — Le traitement des chefs du pouvoir exécutif et des ministres de la République sera fixé par la représentation nationale.

Art. 113. — Le traitement des membres de l'Assemblée nationale sera de 12,000 francs par an.

Art. 114. — Nul ne sera éligible s'il ne signe l'acceptation du présent programme du peuple, qui forme l'ensemble *de lois fondamentales* de la République française.

Art. 115. — Tout représentant du peuple qui, en Assemblée publique, fera de l'opposition aux *lois fondamentales* de la République, sera déchu de sa qualité de représentant et mis en jugement comme traître à la patrie.

Art. 116. — Les anciens ministres et les hauts fonctionnaires publics des gouvernements déchus, en remontant à trente ans, — à quelque ordre qu'ils appartiennent (militaire, civil, administratif et juridique), sont frappés d'incapacité politique, ne sont pas électeurs ni éligibles, et sont réputés inhabiles à exercer des fonctions publiques.

Art. 117. — L'Assemblée nationale fera des lois, votera le budget et sera la gardienne des libertés publiques.

QUATRIÈME PARTIE

CONCLUSION

> La force est au droit ce que
> l'apoplexie est au malade, elle
> l'emporte et disparaît avec lui.

I

Après les désastres de Sedan, la défaite si inespérée de l'armée, la trahison de Metz, la reddition de Strasbourg et la défaillante insuffisance du gouvernement du 4 septembre, la même fatalité, la même incurie, la même incapacité, qui ont partout créé le désordre et la déroute, se retrouvent dans la conduite qu'a tenue le gouvernement français vis-à-vis de l'émigration des Alsaciens-Lorrains. Ses encouragements ont décidé 380,000 personnes (toute une armée) à opter pour la nationalité française.

En encourageant cette émigration, le gouvernement a facilité les vues, la politique envahissante de M. de Bismark ; il a éloigné les chances heureuses d'une revanche.

Lorsque l'Alsace-Lorraine sera *germanisée*, la revendication n'en sera que plus difficile. Après avoir occupé le territoire, il faudra gagner le cœur des habitants, chose impossible entre deux races qui se détestent. Bismark l'a bien compris : aussi pousse-t-il à l'expulsion des Alsaciens-Lorrains.

La meilleure manière de comprendre le patriotisme, de *rester Français*, c'était de rester en Alsace-Lorraine! Qu'on n'oublie pas que l'Allemagne envoit tous les ans 500,000 colons en Amérique, disputer aux sauvages, aux tigres et aux panthères, l'air, la nourriture et le soleil...

Il sera donc facile à Bismark de *germaniser* l'Alsace-Lorraine et de faire de la poitrine de chacun de ses habitants une *redoute-vivante,* qu'il faudra emporter de vive force.

L'Alsace-Lorraine, qui donnait à la France un revenu annuel de quatre-vingt-sept millions cinq cent mille francs, presque la vingtième partie de son budget, est une conquête à laquelle l'Allemagne attache un si grand prix que déjà un système de fortins, savamment combiné est destiné à relier Strasbourg et Metz par une suite d'ouvrages avancés et réputés imprenables.

De ces nids d'aigle, les Prussiens convoiteront les plaines de la Champagne, qu'ils ont si longtemps occupées, et attendront que de nouvelles fautes du gouvernement français leur fournissent encore une fois l'occasion de rapprocher leurs frontières.

En favorisant l'émigration de l'Alsace-Lorraine, le gouvernement français fait plus pour la conquête allemande que la trahison de Bazaine et que la défection du général Ulrich : il signe à perpétuité un contrat de cession à l'Allemagne.

La situation faite aux Alsaciens-Lorrains, qui n'ont pas profité des délais d'option, deviendra intolérable, dès que les populations allemandes commenceront à envahir le tertoire.

Il est fàcheux que le gouvernement français et, après lui, les populations de l'Alsace-Lorraine, n'aient pas compris que le séjour de ces contrées, malgré la conquête allemande et précisément à cause de cette conquête, était un poste d'honneur qu'il fallait garder à tout prix.

Pourquoi ne pas jeter un coup d'œil rétrospectif sur l'Italie lors de l'occupation autrichienne, sur l'Espagne pendant l'invasion française?

Les Italiens ont-ils déserté leurs chères provinces? les Espagnols ont-ils vendu l'honneur de leur foyer?

Malheureusement, le génie politique de la France n'est plus!... Depuis quarante ans, le pays est en mains des libéraux conservateurs, *retour-monarchie*, bande d'ambitieux qui l'exploitent comme une usine. La France, dont l'intelligence féconde éclaire les arts et les sciences, se trouve à la merci de quelques industriels, entrepreneurs d'éloquence. Et cette éloquence, distillée comme un parfum, répandue comme un puissant narcotique, s'étend sur toute la nation, au point de l'endormir jusqu'à ensevelissement!

En France, dès qu'un homme a prononcé un discours, il est proclamé et reconnu homme politique ; dès qu'un poète a bégayé quelques vers, on pense à en faire un député ou un ministre.

C'est une maladie encéphalique, une manie dont la *nation-enthousiaste* ne veut pas se guérir. L'histoire, cependant, ne lui apprend pas que Richelieu, Mazarin, Colbert ou Dubois, fussent de grands discoureurs ou d'illustres poètes ; Washington ne perdait pas son temps à faire des discours, et, de nos jours, Bismark n'est pas un *foudre* d'éloquence.

De la confiance que mettent les Français dans les hommes éloquents, les avocats et les poètes, au lieu de la placer dans les hommes politiques, et surtout dans les hommes intègres qui ne vendent pas leur serment à tous les gouvernements, date la décadence de la France.

Solon ordonna que nul orateur ne pourrait se mêler des

affaires publiques, sans avoir subi un examen qui roulerait sur sa conduite. Il faisait poursuivre en justice l'orateur qui dérobait l'irrégularité de ses mœurs à la vérité de cet examen. Que deviendraient Jules Favre, Laurier, Batbie, Thiers et consorts avec ce système ?

II

La paix armée, dans laquelle l'Europe s'est condamnée depuis 1815, doit être fatalement suivie d'un effondrement général. Le roi de Prusse, après avoir vaincu Napoléon III, a hérité de son rôle, et il force lui aussi, comme le fit pendant vingt ans l'empereur des Français, les puissances à des dépenses budgétaires qui ruinent les populations. Déjà les cris de détresse de la misère allemande sont à peine étouffés sous le fracas des armures, et l'Angleterre dissimule mal son agonie dans le luxe de son aristocratie et de ses riches comptoirs coloniaux.

Ce fut la peur de l'annexion à l'empire français qui livra l'Allemagne *pieds et poings liés* au roi de Prusse, ou plutôt à l'ambition de Bismark. Celui-ci dût tout son succès à la profonde incapacité du héros de Boulogne et de Strasbourg, et l'Europe devra sa délivrance à sa témérité. Si, en 1866, Napoléon avait fait retentir ses canons en faveur de l'Autriche, il eût fait rentrer dans le néant ce fils de roture qui songeait déjà à se tailler une livrée de prince sur les épaves de la défaite prévue de Sedan. L'insuffisance de Napoléon a fait le mérite de Bismark. Aujourd'hui, l'Europe monarchique se trouve engagée par ce dernier dans un ordre de choses qui doit la mener à l'anéantissement des couronnes ; la catastrophe se produira sur l'affaissement même des budgets, et, les armées, qui doivent les soutenir, ébranleront les premières l'ordre social, en épuisant les ressources des nations. Cela amènera l'égalité républicaine. En effet, les dépenses budgétaires, affectées à l'entretien des armées, augmentent tous les ans avec leur effectif. Et cet effectif diminue la production consommable, la richesse productive des nations, du nombre d'hommes qui, au lieu de produire, dépensent, et des sommes d'argent qu'il enlève à l'agriculture. De là vient la cherté des subsistances, les besoins de la vie, — le désordre social menaçant sans cesse les gouvernements. L'effondrement qui emportera les trônes comme le vent emporte les vieux chênes qu'il a longtemps menacés, est proche !

Après, les peuples seront libres, affranchis, et l'Alsace-Lorraine, que l'ineptie de nos gouvernements n'aura pas su arracher au tyran allemand, retournera librement à la France par la volonté seule de ses populations délivrées.

La révolution sociale, la dernière révolution, aura fait le tour du monde au cri de la faim !

Depuis 1830, la France révolutionnaire, avec son roi constitutionnel, son empire restreint et ses républiques bâtardes, fut suspecte aux vieilles monarchies européennes. Aussi sa politique, violente et oppressive au dedans, ne fut constamment qu'une immense *platitude* au dehors. Sous Louis-Philippe, privée même de relations diplomatiques avec la Russie, elle dût se faire la vassale de l'Angleterre ; sous Napoléon, elle s'abaissa à servir ses intérêts en Crimée et en Chine pour essayer de s'assurer une alliance qui lui fit défaut au moment suprême ; sous la République

conservatrice, elle a été contrainte de céder deux provinces
et 5 milliards de francs à la Prusse, sans même oser pré-
tendre à une protestation amicale ou sympathique de la
part des monarchies européennes.

Une puissance, un gouvernement, qu'ils soient monarchiques ou républicains, ne peuvent exister, forts et
respectés, sans alliances. La France en a fait la triste ex-
périence ! La République française a donc besoin d'alliances; et ce n'est pas le *septennat*, avec sa durée éphé-
mère et son pouvoir contesté, qui pourra lui en donner. —
D'ailleurs, elle ne peut les trouver chez les rois dont elle
trouble les consciences et paraît compromettre la sécurité. Il faut qu'elle les cherche chez les peuples, sous
peine de courir (en lassant la patience des rois qu'elle me-
nace sans les frapper) à un démembrement complet, comme
la turbulente et peu libérale Pologne. Mais pour avoir l'alliance des peuples, il faut qu'elle leur donne des garanties,
qu'elle veuille leur émancipation contre les rois, les grands,
— contre les institutions monarchiques ; il faut que la République soit démocratique et sociale, et non conservatrice
et bourgeoise.

Telle est l'alternative pour la France, si elle veut conserver son rang de puissance de premier ordre et reconquérir
le prestige qu'elle a perdu : — refaire la monarchie sécu-
laire qui s'accordera avec les rois, — ou marcher à la tête
de la Révolution européenne, en proclamant la République
démocratique et sociale, pour donner le signal du réveil
des peuples contre les rois.

Premièrement, un retour en arrière est-il possible ? —
Nous ne le pensons pas. Mais si, dans l'état de prostration
politique où se trouve la France, il pouvait se produire par
la trahison de l'Assemblée *nationale*, contre le vœu po-
pulaire, il ne durerait qu'un instant; et la révolution toute-
puissante viendrait, encore une fois, abattre un trône mal

posé sur les libertés publiques, et réclamer un changement d'état social en faveur des multitudes.

La France doit choisir, sous peine de déchéance, entre l'alliance des peuples et celle des rois.

L'alliance des peuples, c'est la République démocratique et sociale qui la lui donnera.

L'alliance des rois, c'est la monarchie seule qui pourrait en disposer. Mais la monarchie est incompatible avec les mœurs et les aspirations démocratiques de la France. Que les Français, vraiment patriotes, se rallient donc autour du drapeau du droit qui est celui de l'émancipation des peuples !

La France est tombée entre les mains des traîtres et des impuissants. Jadis on élevait les chefs sur le pavois après la victoire ! Aujourd'hui, on les récolte dans les débris de la défaite, dans les ombres de la trahison pour les mettre au premier rang. Quelle décadence !

L'homme qui, dans les débats de Trianon, a été entrevu complice de Bazaine, le vaincu du prince Frédéric-Charles, le fuyard de Wœrth, l'..... (lisez vainqueur) des défenseurs de Paris, dirige les destinées de la grande nation. Quelle pauvreté !

La patrie sommeille d'un sommeil léthargique comme un *patient* qu'on a saigné *à blanc*, mais son réveil libérateur est peut-être proche. Soyons prêts. Et qu'aucune surprise ne soit plus possible !

Les bourgeois refusent le gouvernement démocratique. A défaut de monarchie, ne pouvant s'entendre entre eux, placés entre plusieurs prétendants ou la croyant impossible, ils veulent constituer peut-être, sous le nom de *République conservatrice*, voire sous le nom de *septennat*, un gouvernement oligarchique, ayant tous les travers, tous les défauts, tous les vices des monarchies, mais leur garantissant leurs priviléges. Voilà l'écueil où la bourgeoisie précipite la démocratie ! Un tel gouvernement serait, d'ailleurs, sans force et sans durée au-dedans, sans considération au dehors. — Repoussons-le !

Nous prions ceux de nos amis politiques, qui auraient quelques observations à faire valoir ou quelque nouvelle idée à émettre sur l'état social, de nous en donner communication (*franco* imprimerie Benoit et Ce). Il en serait tenu compte au besoin dans la 2e édition prochaine.

Il ne sera donné aucune suite ni fait aucune réponse aux correspondances anonymes.

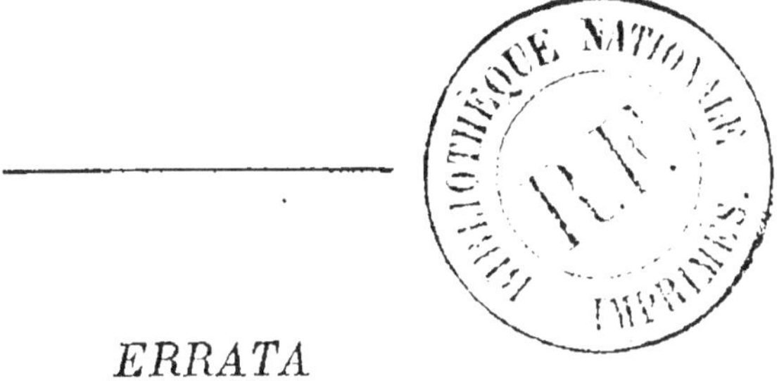

ERRATA

Page 15, cinquième ligne, lisez : Algérie au lieu de *Agérie.*
Page 26, article 17, lisez : les frais de la défense au lieu de la *dépense.*